THE ONE HUNDRED & ONE GOALS PROJECT.

DREAM BIG. SET GOALS. TAKE ACTION.

Thank You Skateboarding Inc. Registered Office.

Thankyousk8boarding.com
#101goals

ISBN – 13: 978 – 1530461677
ISBN – 10: 1530461677

Printed in the United States of America.

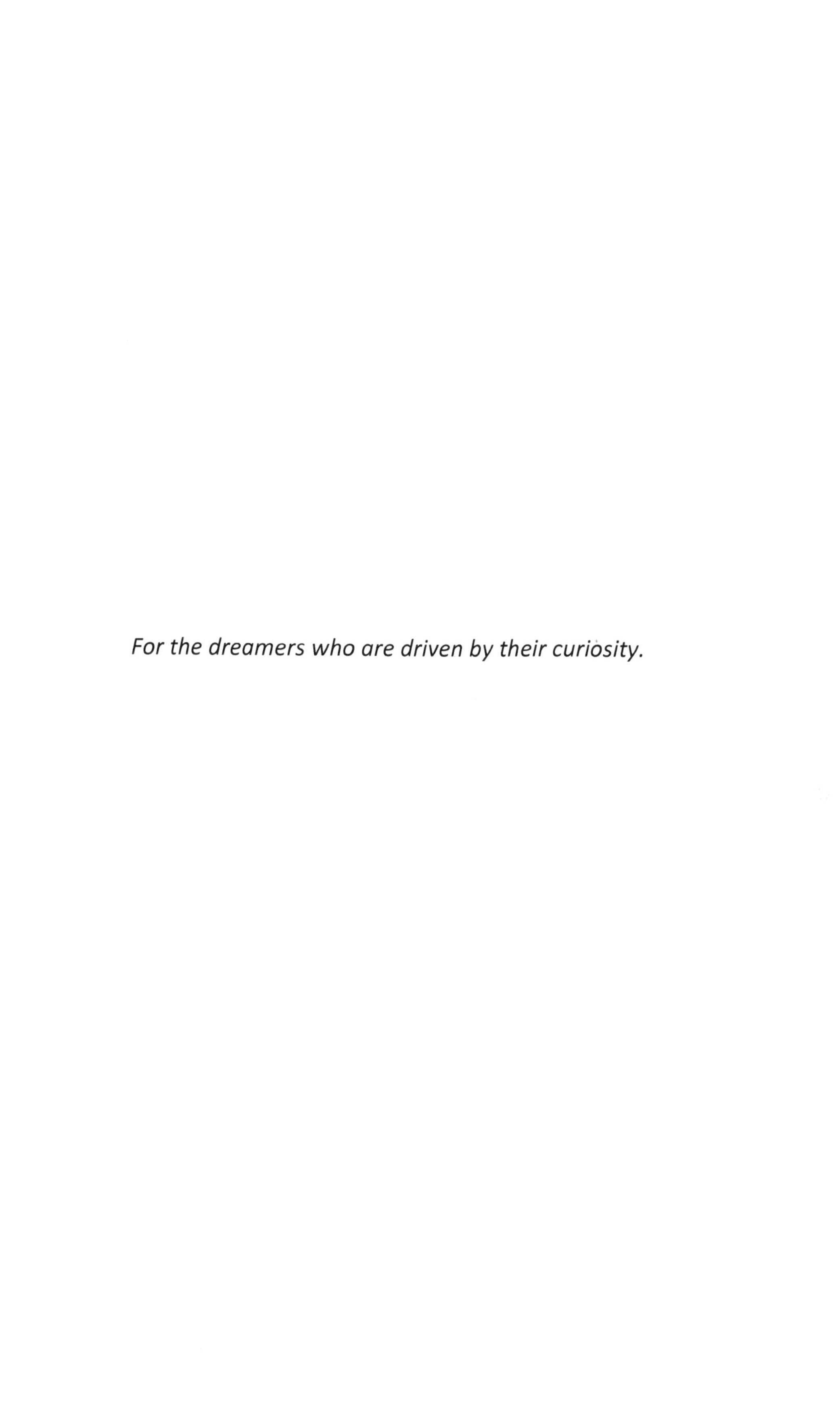

For the dreamers who are driven by their curiosity.

THE ONE HUNDRED & ONE GOALS PROJECT.

DREAM BIG. SET GOALS. TAKE ACTION.

EXAMPLE	TYPE OF GOAL:	Fitness.	
I WILL EASILY ACCOMPLISH THIS GOAL BY:		December, 31, 2016	
THIS WILL BE A SHORT TERM GOAL (0 – 12 months)	✔	THIS WILL BE A LONG TERM GOAL (1 – 10 years)	O
COMPLETED WORKSHEET	✔	COMPLETED GOAL	✔

WHAT IS MY GOAL

Run 10k (6.2 Miles)

WHY DO I WANT THIS

Running 10k will aid in my ability to sleep better, burn fat, increase

mental health, brain power, and maintain a healthy lifestyle.

Reaching this goal will benefit in my ability to complete all my goals.

WHAT DO I NEED TO GET DONE

Buy proper running shoes.	✔
Get a accountability partner.	✔
Week 1. Walk 2 minutes, Run 2 minutes, For 15 – 20 minutes.	✔
Week 2. Walk 2 minutes, Run 2 minutes, For 15 – 20 minutes.	✔
Week 3. Walk 1 minute, Run 5 minutes, For 25 – 35 minutes.	✔
Week 4. Walk 1 minute, Run 5 minutes, For 30 – 40 minutes.	✔
Week 5. Walk 1 minute, Run 7 minutes, For 30 – 40 minutes.	✔
Week 6. Easy Run. 25 – 30 minutes.	✔
Week 7. Race Day. Run a 10k!	✔

EXAMPLE	TYPE OF GOAL:	Quantum Leap.	
I WILL EASILY ACCOMPLISH THIS GOAL BY:		December, 31, 2025	
THIS WILL BE A SHORT TERM GOAL (0 – 12 months)	O	THIS WILL BE A LONG TERM GOAL (1 – 10 years)	✔
COMPLETED WORKSHEET	✔	COMPLETED GOAL	✔

WHAT IS MY GOAL

Build my dream house.

WHY DO I WANT THIS

Building my dream house will give my family the house they

deserve to live in. More importantly, the house will be built in a area

fit to our lifestyle and our kids needs.

WHAT DO I NEED TO GET DONE

Save down payment.	✔
Find a piece of property to buy and make a offer.	✔
Design house plans.	✔
Hire project manager and trades to complete project.	✔
Complete phase 1.	✔
Complete phase 2.	✔
Complete phase 3.	✔
Come in under budget.	✔
Move in and enjoy.	✔

VISION BOARD

Quantum Leap goals are large goals which will drastically change your life. There are ten Quantum Leap goals throughout this book and are indicated in "Type of goal." Included is a vision board page for you to add pictures of your goal.

PASTE IMAGE(S)

101 GOAL TRACKER

#1	#2	#3	#4	#5	#6	#7
#8	#9	#10	#11	#12	#13	#14
#15	#16	#17	#18	#19	#20	#21
#22	#23	#24	#25	#26	#27	#28
#29	#30	#31	#32	#33	#34	#35

#36 #37 #38 #39 #40 #41 #42

#43 #44 #45 #46 #47 #48 #49

#50 #51 #52 #53 #54 #55 #56

#57 #58 #59 #60 #61 #62 #63

#64 #65 #66 #67 #68 #69 #70

#71 #72 #73 #74 #75 #76 #78

#79 #80 #81 #82 #83 #84 #85

#86 #87 #88 #89 #90 #91 #92

#93 #94 #95 #96 #97 #98 #99

#100 #101

GOAL #1.	TYPE OF GOAL:		
I WILL EASILY ACCOMPLISH THIS GOAL BY:			
THIS WILL BE A SHORT TERM GOAL (0 – 12 months)	O	THIS WILL BE A LONG TERM GOAL (1 – 10 years)	O
COMPLETED WORKSHEET	O	COMPLETED GOAL	O

WHAT IS MY GOAL

WHY DO I WANT THIS

WHAT DO I NEED TO GET DONE

	O
	O
	O
	O
	O
	O
	O
	O
	O

GOAL #2.	TYPE OF GOAL:		
I WILL EASILY ACCOMPLISH THIS GOAL BY:			
THIS WILL BE A SHORT TERM GOAL (0 – 12 months)	O	THIS WILL BE A LONG TERM GOAL (1 – 10 years)	O
COMPLETED WORKSHEET	O	COMPLETED GOAL	O

WHAT IS MY GOAL

WHY DO I WANT THIS

WHAT DO I NEED TO GET DONE

	O
	O
	O
	O
	O
	O
	O
	O
	O

GOAL #3.	TYPE OF GOAL:			
I WILL EASILY ACCOMPLISH THIS GOAL BY:				
THIS WILL BE A SHORT TERM GOAL (0 – 12 months)	O	THIS WILL BE A LONG TERM GOAL (1 – 10 years)	O	
COMPLETED WORKSHEET	O	COMPLETED GOAL	O	

WHAT IS MY GOAL

WHY DO I WANT THIS

WHAT DO I NEED TO GET DONE

	O
	O
	O
	O
	O
	O
	O
	O
	O

GOAL #4.	TYPE OF GOAL:		
I WILL EASILY ACCOMPLISH THIS GOAL BY:			
THIS WILL BE A SHORT TERM GOAL (0 – 12 months)	O	THIS WILL BE A LONG TERM GOAL (1 – 10 years)	O
COMPLETED WORKSHEET	O	COMPLETED GOAL	O

WHAT IS MY GOAL

WHY DO I WANT THIS

WHAT DO I NEED TO GET DONE

	O
	O
	O
	O
	O
	O
	O
	O
	O

GOAL #5.	TYPE OF GOAL:		
I WILL EASILY ACCOMPLISH THIS GOAL BY:			
THIS WILL BE A SHORT TERM GOAL (0 – 12 months)	O	THIS WILL BE A LONG TERM GOAL (1 – 10 years)	O
COMPLETED WORKSHEET	O	COMPLETED GOAL	O

WHAT IS MY GOAL

WHY DO I WANT THIS

WHAT DO I NEED TO GET DONE

	O
	O
	O
	O
	O
	O
	O
	O
	O

GOAL #6.	TYPE OF GOAL:		
I WILL EASILY ACCOMPLISH THIS GOAL BY:			
THIS WILL BE A SHORT TERM GOAL (0 – 12 months)	O	THIS WILL BE A LONG TERM GOAL (1 – 10 years)	O
COMPLETED WORKSHEET	O	COMPLETED GOAL	O

WHAT IS MY GOAL

WHY DO I WANT THIS

WHAT DO I NEED TO GET DONE

	O
	O
	O
	O
	O
	O
	O
	O
	O

GOAL #7.	TYPE OF GOAL:		
I WILL EASILY ACCOMPLISH THIS GOAL BY:			
THIS WILL BE A SHORT TERM GOAL (0 – 12 months)	O	THIS WILL BE A LONG TERM GOAL (1 – 10 years)	O
COMPLETED WORKSHEET	O	COMPLETED GOAL	O

WHAT IS MY GOAL

WHY DO I WANT THIS

WHAT DO I NEED TO GET DONE

	O
	O
	O
	O
	O
	O
	O
	O
	O

GOAL #8.	TYPE OF GOAL:		
I WILL EASILY ACCOMPLISH THIS GOAL BY:			
THIS WILL BE A SHORT TERM GOAL (0 – 12 months)	O	THIS WILL BE A LONG TERM GOAL (1 – 10 years)	O
COMPLETED WORKSHEET	O	COMPLETED GOAL	O

WHAT IS MY GOAL

WHY DO I WANT THIS

WHAT DO I NEED TO GET DONE

	O
	O
	O
	O
	O
	O
	O
	O
	O

'THE WORST
LIES ARE THE

LIES YOU TELL TO YOURSELF"

GOAL #9.	TYPE OF GOAL:			
I WILL EASILY ACCOMPLISH THIS GOAL BY:				
THIS WILL BE A SHORT TERM GOAL (0 – 12 months)	O	THIS WILL BE A LONG TERM GOAL (1 – 10 years)	O	
COMPLETED WORKSHEET	O	COMPLETED GOAL	O	

WHAT IS MY GOAL

WHY DO I WANT THIS

WHAT DO I NEED TO GET DONE

	O
	O
	O
	O
	O
	O
	O
	O
	O

"YOU HAVE ONE LIFE, SET BIGGER GOALS"

GOAL #10.	TYPE OF GOAL:	Quantum Leap.	
I WILL EASILY ACCOMPLISH THIS GOAL BY:			
THIS WILL BE A SHORT TERM GOAL (0 – 12 months)	O	THIS WILL BE A LONG TERM GOAL (1 – 10 years)	O
COMPLETED WORKSHEET	O	COMPLETED GOAL	O

WHAT IS MY GOAL

WHY DO I WANT THIS

WHAT DO I NEED TO GET DONE

	O
	O
	O
	O
	O
	O
	O
	O
	O

VISION BOARD

PASTE IMAGE(S)

GOAL #11.	TYPE OF GOAL:		
I WILL EASILY ACCOMPLISH THIS GOAL BY:			
THIS WILL BE A SHORT TERM GOAL (0 – 12 months)	O	THIS WILL BE A LONG TERM GOAL (1 – 10 years)	O
COMPLETED WORKSHEET	O	COMPLETED GOAL	O

WHAT IS MY GOAL

WHY DO I WANT THIS

WHAT DO I NEED TO GET DONE

	O
	O
	O
	O
	O
	O
	O
	O
	O

"NEVER LET SOMEONE WHO HAS DONE NOTHING TELL YOU HOW TO DO ANYTHING"

GOAL #12.	TYPE OF GOAL:		
I WILL EASILY ACCOMPLISH THIS GOAL BY:			
THIS WILL BE A SHORT TERM GOAL (0 – 12 months)	O	THIS WILL BE A LONG TERM GOAL (1 – 10 years)	O
COMPLETED WORKSHEET	O	COMPLETED GOAL	O

WHAT IS MY GOAL

WHY DO I WANT THIS

WHAT DO I NEED TO GET DONE

	O
	O
	O
	O
	O
	O
	O
	O
	O

GOAL #13.	TYPE OF GOAL:		
I WILL EASILY ACCOMPLISH THIS GOAL BY:			
THIS WILL BE A SHORT TERM GOAL (0 – 12 months)	O	THIS WILL BE A LONG TERM GOAL (1 – 10 years)	O
COMPLETED WORKSHEET	O	COMPLETED GOAL	O

WHAT IS MY GOAL

WHY DO I WANT THIS

WHAT DO I NEED TO GET DONE

	O
	O
	O
	O
	O
	O
	O
	O
	O

GOAL #14.	TYPE OF GOAL:		
I WILL EASILY ACCOMPLISH THIS GOAL BY:			
THIS WILL BE A SHORT TERM GOAL (0 – 12 months)	O	THIS WILL BE A LONG TERM GOAL (1 – 10 years)	O
COMPLETED WORKSHEET	O	COMPLETED GOAL	O

WHAT IS MY GOAL

WHY DO I WANT THIS

WHAT DO I NEED TO GET DONE

	O
	O
	O
	O
	O
	O
	O
	O
	O

GOAL #15.	TYPE OF GOAL:		
I WILL EASILY ACCOMPLISH THIS GOAL BY:			
THIS WILL BE A SHORT TERM GOAL (0 – 12 months)	O	THIS WILL BE A LONG TERM GOAL (1 – 10 years)	O
COMPLETED WORKSHEET	O	COMPLETED GOAL	O

WHAT IS MY GOAL

WHY DO I WANT THIS

WHAT DO I NEED TO GET DONE

	O
	O
	O
	O
	O
	O
	O
	O
	O

GOAL #16.	TYPE OF GOAL:		
I WILL EASILY ACCOMPLISH THIS GOAL BY:			
THIS WILL BE A SHORT TERM GOAL (0 – 12 months)	O	THIS WILL BE A LONG TERM GOAL (1 – 10 years)	O
COMPLETED WORKSHEET	O	COMPLETED GOAL	O

WHAT IS MY GOAL

WHY DO I WANT THIS

WHAT DO I NEED TO GET DONE

	O
	O
	O
	O
	O
	O
	O
	O
	O

GOAL #17.	TYPE OF GOAL:		
I WILL EASILY ACCOMPLISH THIS GOAL BY:			
THIS WILL BE A SHORT TERM GOAL (0 – 12 months)	O	THIS WILL BE A LONG TERM GOAL (1 – 10 years)	O
COMPLETED WORKSHEET	O	COMPLETED GOAL	O

WHAT IS MY GOAL

WHY DO I WANT THIS

WHAT DO I NEED TO GET DONE

	O
	O
	O
	O
	O
	O
	O
	O
	O

GOAL #18.	TYPE OF GOAL:		
I WILL EASILY ACCOMPLISH THIS GOAL BY:			
THIS WILL BE A SHORT TERM GOAL (0 – 12 months)	O	THIS WILL BE A LONG TERM GOAL (1 – 10 years)	O
COMPLETED WORKSHEET	O	COMPLETED GOAL	O

WHAT IS MY GOAL

WHY DO I WANT THIS

WHAT DO I NEED TO GET DONE

	O
	O
	O
	O
	O
	O
	O
	O
	O

GOAL #19.	TYPE OF GOAL:		
I WILL EASILY ACCOMPLISH THIS GOAL BY:			
THIS WILL BE A SHORT TERM GOAL (0 – 12 months)	O	THIS WILL BE A LONG TERM GOAL (1 – 10 years)	O
COMPLETED WORKSHEET	O	COMPLETED GOAL	O

WHAT IS MY GOAL

WHY DO I WANT THIS

WHAT DO I NEED TO GET DONE

	O
	O
	O
	O
	O
	O
	O
	O
	O

GOAL #20.	TYPE OF GOAL:	Quantum Leap.	
I WILL EASILY ACCOMPLISH THIS GOAL BY:			
THIS WILL BE A SHORT TERM GOAL (0 – 12 months)	O	THIS WILL BE A LONG TERM GOAL (1 – 10 years)	O
COMPLETED WORKSHEET	O	COMPLETED GOAL	O

WHAT IS MY GOAL

WHY DO I WANT THIS

WHAT DO I NEED TO GET DONE

	O
	O
	O
	O
	O
	O
	O
	O
	O

VISION BOARD

PASTE IMAGE(S)

GOAL #21.	TYPE OF GOAL:		
I WILL EASILY ACCOMPLISH THIS GOAL BY:			
THIS WILL BE A SHORT TERM GOAL (0 – 12 months)	O	THIS WILL BE A LONG TERM GOAL (1 – 10 years)	O
COMPLETED WORKSHEET	O	COMPLETED GOAL	O

WHAT IS MY GOAL

WHY DO I WANT THIS

WHAT DO I NEED TO GET DONE

	O
	O
	O
	O
	O
	O
	O
	O
	O

GOAL #22.	TYPE OF GOAL:		
I WILL EASILY ACCOMPLISH THIS GOAL BY:			
THIS WILL BE A SHORT TERM GOAL (0 – 12 months)	O	THIS WILL BE A LONG TERM GOAL (1 – 10 years)	O
COMPLETED WORKSHEET	O	COMPLETED GOAL	O

WHAT IS MY GOAL

WHY DO I WANT THIS

WHAT DO I NEED TO GET DONE

	O
	O
	O
	O
	O
	O
	O
	O
	O

GOAL #23.	TYPE OF GOAL:		
I WILL EASILY ACCOMPLISH THIS GOAL BY:			
THIS WILL BE A SHORT TERM GOAL (0 – 12 months)	O	THIS WILL BE A LONG TERM GOAL (1 – 10 years)	O
COMPLETED WORKSHEET	O	COMPLETED GOAL	O

WHAT IS MY GOAL

WHY DO I WANT THIS

WHAT DO I NEED TO GET DONE

	O
	O
	O
	O
	O
	O
	O
	O
	O

GOAL #24.	TYPE OF GOAL:		
I WILL EASILY ACCOMPLISH THIS GOAL BY:			
THIS WILL BE A SHORT TERM GOAL (0 – 12 months)	O	THIS WILL BE A LONG TERM GOAL (1 – 10 years)	O
COMPLETED WORKSHEET	O	COMPLETED GOAL	O

WHAT IS MY GOAL

WHY DO I WANT THIS

WHAT DO I NEED TO GET DONE

	O
	O
	O
	O
	O
	O
	O
	O
	O

"A GOAL WITHOUT A PLAN IS JUST A WISH"

GOAL #25.	TYPE OF GOAL:		
I WILL EASILY ACCOMPLISH THIS GOAL BY:			
THIS WILL BE A SHORT TERM GOAL (0 – 12 months)	O	THIS WILL BE A LONG TERM GOAL (1 – 10 years)	O
COMPLETED WORKSHEET	O	COMPLETED GOAL	O

WHAT IS MY GOAL

WHY DO I WANT THIS

WHAT DO I NEED TO GET DONE

	O
	O
	O
	O
	O
	O
	O
	O
	O

GOAL #26.	TYPE OF GOAL:		
I WILL EASILY ACCOMPLISH THIS GOAL BY:			
THIS WILL BE A SHORT TERM GOAL (0 – 12 months)	O	THIS WILL BE A LONG TERM GOAL (1 – 10 years)	O
COMPLETED WORKSHEET	O	COMPLETED GOAL	O

WHAT IS MY GOAL

WHY DO I WANT THIS

WHAT DO I NEED TO GET DONE

	O
	O
	O
	O
	O
	O
	O
	O
	O

GOAL #27.	TYPE OF GOAL:		
I WILL EASILY ACCOMPLISH THIS GOAL BY:			
THIS WILL BE A SHORT TERM GOAL (0 – 12 months)	O	THIS WILL BE A LONG TERM GOAL (1 – 10 years)	O
COMPLETED WORKSHEET	O	COMPLETED GOAL	O

WHAT IS MY GOAL

WHY DO I WANT THIS

WHAT DO I NEED TO GET DONE

	O
	O
	O
	O
	O
	O
	O
	O
	O

GOAL #28.	TYPE OF GOAL:		
I WILL EASILY ACCOMPLISH THIS GOAL BY:			
THIS WILL BE A SHORT TERM GOAL (0 – 12 months)	O	THIS WILL BE A LONG TERM GOAL (1 – 10 years)	O
COMPLETED WORKSHEET	O	COMPLETED GOAL	O

WHAT IS MY GOAL

WHY DO I WANT THIS

WHAT DO I NEED TO GET DONE

	O
	O
	O
	O
	O
	O
	O
	O
	O

GOAL #29.	TYPE OF GOAL:		
I WILL EASILY ACCOMPLISH THIS GOAL BY:			
THIS WILL BE A SHORT TERM GOAL (0 – 12 months)	O	THIS WILL BE A LONG TERM GOAL (1 – 10 years)	O
COMPLETED WORKSHEET	O	COMPLETED GOAL	O

WHAT IS MY GOAL

WHY DO I WANT THIS

WHAT DO I NEED TO GET DONE

	O
	O
	O
	O
	O
	O
	O
	O
	O

GOAL #30.	TYPE OF GOAL:	Quantum Leap.	
I WILL EASILY ACCOMPLISH THIS GOAL BY:			
THIS WILL BE A SHORT TERM GOAL (0 – 12 months)	O	THIS WILL BE A LONG TERM GOAL (1 – 10 years)	O
COMPLETED WORKSHEET	O	COMPLETED GOAL	O

WHAT IS MY GOAL

WHY DO I WANT THIS

WHAT DO I NEED TO GET DONE

	O
	O
	O
	O
	O
	O
	O
	O
	O

VISION BOARD

PASTE IMAGE(S)

GOAL #31.	TYPE OF GOAL:		
I WILL EASILY ACCOMPLISH THIS GOAL BY:			
THIS WILL BE A SHORT TERM GOAL (0 – 12 months)	O	THIS WILL BE A LONG TERM GOAL (1 – 10 years)	O
COMPLETED WORKSHEET	O	COMPLETED GOAL	O

WHAT IS MY GOAL

WHY DO I WANT THIS

WHAT DO I NEED TO GET DONE

	O
	O
	O
	O
	O
	O
	O
	O
	O

"I REFUSE TO
BE ANYTHING
LESS THAN
SUCCESSFUL"

GOAL #32.	TYPE OF GOAL:		
I WILL EASILY ACCOMPLISH THIS GOAL BY:			
THIS WILL BE A SHORT TERM GOAL (0 – 12 months)	O	THIS WILL BE A LONG TERM GOAL (1 – 10 years)	O
COMPLETED WORKSHEET	O	COMPLETED GOAL	O

WHAT IS MY GOAL

WHY DO I WANT THIS

WHAT DO I NEED TO GET DONE

	O
	O
	O
	O
	O
	O
	O
	O
	O

"SURROUND YOURSELF WITH THE DREAMERS THE BELIEVERS THE PLANNERS AND THE DOERS"

GOAL #33.	TYPE OF GOAL:		
I WILL EASILY ACCOMPLISH THIS GOAL BY:			
THIS WILL BE A SHORT TERM GOAL (0 – 12 months)	O	THIS WILL BE A LONG TERM GOAL (1 – 10 years)	O
COMPLETED WORKSHEET	O	COMPLETED GOAL	O

WHAT IS MY GOAL

WHY DO I WANT THIS

WHAT DO I NEED TO GET DONE

	O
	O
	O
	O
	O
	O
	O
	O
	O

GOAL #34.	TYPE OF GOAL:		
I WILL EASILY ACCOMPLISH THIS GOAL BY:			
THIS WILL BE A SHORT TERM GOAL (0 – 12 months)	O	THIS WILL BE A LONG TERM GOAL (1 – 10 years)	O
COMPLETED WORKSHEET	O	COMPLETED GOAL	O

WHAT IS MY GOAL

WHY DO I WANT THIS

WHAT DO I NEED TO GET DONE

	O
	O
	O
	O
	O
	O
	O
	O
	O

"TELL ME I CAN'T AND THAT'S WHY I WILL"

GOAL #35.	TYPE OF GOAL:		
I WILL EASILY ACCOMPLISH THIS GOAL BY:			
THIS WILL BE A SHORT TERM GOAL (0 – 12 months)	O	THIS WILL BE A LONG TERM GOAL (1 – 10 years)	O
COMPLETED WORKSHEET	O	COMPLETED GOAL	O

WHAT IS MY GOAL

WHY DO I WANT THIS

WHAT DO I NEED TO GET DONE

	O
	O
	O
	O
	O
	O
	O
	O
	O

“SUCCESS IS THE BEST REVENGE”

GOAL #36.	TYPE OF GOAL:		
I WILL EASILY ACCOMPLISH THIS GOAL BY:			
THIS WILL BE A SHORT TERM GOAL (0 – 12 months)	O	THIS WILL BE A LONG TERM GOAL (1 – 10 years)	O
COMPLETED WORKSHEET	O	COMPLETED GOAL	O

WHAT IS MY GOAL

WHY DO I WANT THIS

WHAT DO I NEED TO GET DONE

	O
	O
	O
	O
	O
	O
	O
	O
	O

“WORK UNTIL YOU NO LONGER HAVE TO INTRODUCE YOURSELF”

GOAL #37.	TYPE OF GOAL:		
I WILL EASILY ACCOMPLISH THIS GOAL BY:			
THIS WILL BE A SHORT TERM GOAL (0 – 12 months)	O	THIS WILL BE A LONG TERM GOAL (1 – 10 years)	O
COMPLETED WORKSHEET	O	COMPLETED GOAL	O

WHAT IS MY GOAL

WHY DO I WANT THIS

WHAT DO I NEED TO GET DONE

	O
	O
	O
	O
	O
	O
	O
	O
	O

GOAL #38.	TYPE OF GOAL:		
I WILL EASILY ACCOMPLISH THIS GOAL BY:			
THIS WILL BE A SHORT TERM GOAL (0 – 12 months)	O	THIS WILL BE A LONG TERM GOAL (1 – 10 years)	O
COMPLETED WORKSHEET	O	COMPLETED GOAL	O

WHAT IS MY GOAL

WHY DO I WANT THIS

WHAT DO I NEED TO GET DONE

	O
	O
	O
	O
	O
	O
	O
	O
	O

GOAL #39.	TYPE OF GOAL:		
I WILL EASILY ACCOMPLISH THIS GOAL BY:			
THIS WILL BE A SHORT TERM GOAL (0 – 12 months)	O	THIS WILL BE A LONG TERM GOAL (1 – 10 years)	O
COMPLETED WORKSHEET	O	COMPLETED GOAL	O

WHAT IS MY GOAL

WHY DO I WANT THIS

WHAT DO I NEED TO GET DONE

	O
	O
	O
	O
	O
	O
	O
	O
	O

GOAL #40.	TYPE OF GOAL:	Quantum Leap.	
I WILL EASILY ACCOMPLISH THIS GOAL BY:			
THIS WILL BE A SHORT TERM GOAL (0 – 12 months)	O	THIS WILL BE A LONG TERM GOAL (1 – 10 years)	O
COMPLETED WORKSHEET	O	COMPLETED GOAL	O

WHAT IS MY GOAL

WHY DO I WANT THIS

WHAT DO I NEED TO GET DONE

	O
	O
	O
	O
	O
	O
	O
	O
	O

VISION BOARD

PASTE IMAGE(S)

GOAL #41.	TYPE OF GOAL:		
I WILL EASILY ACCOMPLISH THIS GOAL BY:			
THIS WILL BE A SHORT TERM GOAL (0 – 12 months)	O	THIS WILL BE A LONG TERM GOAL (1 – 10 years)	O
COMPLETED WORKSHEET	O	COMPLETED GOAL	O

WHAT IS MY GOAL

WHY DO I WANT THIS

WHAT DO I NEED TO GET DONE

	O
	O
	O
	O
	O
	O
	O
	O
	O

GOAL #42.	TYPE OF GOAL:		
I WILL EASILY ACCOMPLISH THIS GOAL BY:			
THIS WILL BE A SHORT TERM GOAL (0 – 12 months)	O	THIS WILL BE A LONG TERM GOAL (1 – 10 years)	O
COMPLETED WORKSHEET	O	COMPLETED GOAL	O

WHAT IS MY GOAL

WHY DO I WANT THIS

WHAT DO I NEED TO GET DONE

	O
	O
	O
	O
	O
	O
	O
	O
	O

"THE ONLY PERSON YOU SHOULD TRY TO BE BETTER THAN, IS THE PERSON YOU WERE YESTERDAY"

GOAL #43.	TYPE OF GOAL:		
I WILL EASILY ACCOMPLISH THIS GOAL BY:			
THIS WILL BE A SHORT TERM GOAL (0 – 12 months)	O	THIS WILL BE A LONG TERM GOAL (1 – 10 years)	O
COMPLETED WORKSHEET	O	COMPLETED GOAL	O

WHAT IS MY GOAL

WHY DO I WANT THIS

WHAT DO I NEED TO GET DONE

	O
	O
	O
	O
	O
	O
	O
	O
	O

GOAL #44.	TYPE OF GOAL:		
I WILL EASILY ACCOMPLISH THIS GOAL BY:			
THIS WILL BE A SHORT TERM GOAL (0 – 12 months)	O	THIS WILL BE A LONG TERM GOAL (1 – 10 years)	O
COMPLETED WORKSHEET	O	COMPLETED GOAL	O

WHAT IS MY GOAL

WHY DO I WANT THIS

WHAT DO I NEED TO GET DONE

	O
	O
	O
	O
	O
	O
	O
	O
	O

GOAL #45.	TYPE OF GOAL:		
I WILL EASILY ACCOMPLISH THIS GOAL BY:			
THIS WILL BE A SHORT TERM GOAL (0 – 12 months)	O	THIS WILL BE A LONG TERM GOAL (1 – 10 years)	O
COMPLETED WORKSHEET	O	COMPLETED GOAL	O

WHAT IS MY GOAL

WHY DO I WANT THIS

WHAT DO I NEED TO GET DONE

	O
	O
	O
	O
	O
	O
	O
	O
	O

GOAL #46.	TYPE OF GOAL:		
I WILL EASILY ACCOMPLISH THIS GOAL BY:			
THIS WILL BE A SHORT TERM GOAL (0 – 12 months)	O	THIS WILL BE A LONG TERM GOAL (1 – 10 years)	O
COMPLETED WORKSHEET	O	COMPLETED GOAL	O

WHAT IS MY GOAL

WHY DO I WANT THIS

WHAT DO I NEED TO GET DONE

	O
	O
	O
	O
	O
	O
	O
	O
	O

GOAL #47.	TYPE OF GOAL:		
I WILL EASILY ACCOMPLISH THIS GOAL BY:			
THIS WILL BE A SHORT TERM GOAL (0 – 12 months)	O	THIS WILL BE A LONG TERM GOAL (1 – 10 years)	O
COMPLETED WORKSHEET	O	COMPLETED GOAL	O

WHAT IS MY GOAL

WHY DO I WANT THIS

WHAT DO I NEED TO GET DONE

	O
	O
	O
	O
	O
	O
	O
	O
	O

“IF YOU
RISK NOTHING,
THEN YOU
RISK
EVERYTHING”

GOAL #48.	TYPE OF GOAL:		
I WILL EASILY ACCOMPLISH THIS GOAL BY:			
THIS WILL BE A SHORT TERM GOAL (0 – 12 months)	O	THIS WILL BE A LONG TERM GOAL (1 – 10 years)	O
COMPLETED WORKSHEET	O	COMPLETED GOAL	O

WHAT IS MY GOAL

WHY DO I WANT THIS

WHAT DO I NEED TO GET DONE

	O
	O
	O
	O
	O
	O
	O
	O
	O

GOAL #49.	TYPE OF GOAL:		
I WILL EASILY ACCOMPLISH THIS GOAL BY:			
THIS WILL BE A SHORT TERM GOAL (0 – 12 months)	O	THIS WILL BE A LONG TERM GOAL (1 – 10 years)	O
COMPLETED WORKSHEET	O	COMPLETED GOAL	O

WHAT IS MY GOAL

WHY DO I WANT THIS

WHAT DO I NEED TO GET DONE

	O
	O
	O
	O
	O
	O
	O
	O
	O

"LOSERS QUIT WHEN THEY FAIL, WINNERS FAIL UNTIL THEY SUCCEED"

GOAL #50.	TYPE OF GOAL:	Quantum Leap.	
I WILL EASILY ACCOMPLISH THIS GOAL BY:			
THIS WILL BE A SHORT TERM GOAL (0 – 12 months)	O	THIS WILL BE A LONG TERM GOAL (1 – 10 years)	O
COMPLETED WORKSHEET	O	COMPLETED GOAL	O

WHAT IS MY GOAL

WHY DO I WANT THIS

WHAT DO I NEED TO GET DONE

	O
	O
	O
	O
	O
	O
	O
	O
	O

VISION BOARD

PASTE IMAGE(S)

GOAL #51.	TYPE OF GOAL:		
I WILL EASILY ACCOMPLISH THIS GOAL BY:			
THIS WILL BE A SHORT TERM GOAL (0 – 12 months)	O	THIS WILL BE A LONG TERM GOAL (1 – 10 years)	O
COMPLETED WORKSHEET	O	COMPLETED GOAL	O

WHAT IS MY GOAL

WHY DO I WANT THIS

WHAT DO I NEED TO GET DONE

	O
	O
	O
	O
	O
	O
	O
	O
	O

GOAL #52.	TYPE OF GOAL:		
I WILL EASILY ACCOMPLISH THIS GOAL BY:			
THIS WILL BE A SHORT TERM GOAL (0 – 12 months)	O	THIS WILL BE A LONG TERM GOAL (1 – 10 years)	O
COMPLETED WORKSHEET	O	COMPLETED GOAL	O

WHAT IS MY GOAL

WHY DO I WANT THIS

WHAT DO I NEED TO GET DONE

	O
	O
	O
	O
	O
	O
	O
	O
	O

GOAL #53.	TYPE OF GOAL:		
I WILL EASILY ACCOMPLISH THIS GOAL BY:			
THIS WILL BE A SHORT TERM GOAL (0 – 12 months)	O	THIS WILL BE A LONG TERM GOAL (1 – 10 years)	O
COMPLETED WORKSHEET	O	COMPLETED GOAL	O

WHAT IS MY GOAL

WHY DO I WANT THIS

WHAT DO I NEED TO GET DONE

	O
	O
	O
	O
	O
	O
	O
	O
	O

GOAL #54.	TYPE OF GOAL:		
I WILL EASILY ACCOMPLISH THIS GOAL BY:			
THIS WILL BE A SHORT TERM GOAL (0 – 12 months)	O	THIS WILL BE A LONG TERM GOAL (1 – 10 years)	O
COMPLETED WORKSHEET	O	COMPLETED GOAL	O

WHAT IS MY GOAL

WHY DO I WANT THIS

WHAT DO I NEED TO GET DONE

	O
	O
	O
	O
	O
	O
	O
	O
	O

“DREAM
BELIEVE
DO
REPEAT”

GOAL #55.	TYPE OF GOAL:		
I WILL EASILY ACCOMPLISH THIS GOAL BY:			
THIS WILL BE A SHORT TERM GOAL (0 – 12 months)	O	THIS WILL BE A LONG TERM GOAL (1 – 10 years)	O
COMPLETED WORKSHEET	O	COMPLETED GOAL	O

WHAT IS MY GOAL

WHY DO I WANT THIS

WHAT DO I NEED TO GET DONE

	O
	O
	O
	O
	O
	O
	O
	O
	O

GOAL #56.	TYPE OF GOAL:		
I WILL EASILY ACCOMPLISH THIS GOAL BY:			
THIS WILL BE A SHORT TERM GOAL (0 – 12 months)	O	THIS WILL BE A LONG TERM GOAL (1 – 10 years)	O
COMPLETED WORKSHEET	O	COMPLETED GOAL	O

WHAT IS MY GOAL

WHY DO I WANT THIS

WHAT DO I NEED TO GET DONE

	O
	O
	O
	O
	O
	O
	O
	O
	O

GOAL #57.	TYPE OF GOAL:		
I WILL EASILY ACCOMPLISH THIS GOAL BY:			
THIS WILL BE A SHORT TERM GOAL (0 – 12 months)	O	THIS WILL BE A LONG TERM GOAL (1 – 10 years)	O
COMPLETED WORKSHEET	O	COMPLETED GOAL	O

WHAT IS MY GOAL

WHY DO I WANT THIS

WHAT DO I NEED TO GET DONE

	O
	O
	O
	O
	O
	O
	O
	O
	O

GOAL #58.	TYPE OF GOAL:		
I WILL EASILY ACCOMPLISH THIS GOAL BY:			
THIS WILL BE A SHORT TERM GOAL (0 – 12 months)	O	THIS WILL BE A LONG TERM GOAL (1 – 10 years)	O
COMPLETED WORKSHEET	O	COMPLETED GOAL	O

WHAT IS MY GOAL

WHY DO I WANT THIS

WHAT DO I NEED TO GET DONE

	O
	O
	O
	O
	O
	O
	O
	O
	O

“I’M COMING FOR EVERYTHING I DESERVE”

GOAL #59.	TYPE OF GOAL:		
I WILL EASILY ACCOMPLISH THIS GOAL BY:			
THIS WILL BE A SHORT TERM GOAL (0 – 12 months)	O	THIS WILL BE A LONG TERM GOAL (1 – 10 years)	O
COMPLETED WORKSHEET	O	COMPLETED GOAL	O

WHAT IS MY GOAL

WHY DO I WANT THIS

WHAT DO I NEED TO GET DONE

	O
	O
	O
	O
	O
	O
	O
	O
	O

“BIG
RESULTS REQUIRE
BIG
AMBITIONS”

GOAL #60.	TYPE OF GOAL:	Quantum Leap.	
I WILL EASILY ACCOMPLISH THIS GOAL BY:			
THIS WILL BE A SHORT TERM GOAL (0 – 12 months)	O	THIS WILL BE A LONG TERM GOAL (1 – 10 years)	O
COMPLETED WORKSHEET	O	COMPLETED GOAL	O

WHAT IS MY GOAL

WHY DO I WANT THIS

WHAT DO I NEED TO GET DONE

	O
	O
	O
	O
	O
	O
	O
	O
	O

VISION BOARD

PASTE IMAGE(S)

GOAL #61.	TYPE OF GOAL:		
I WILL EASILY ACCOMPLISH THIS GOAL BY:			
THIS WILL BE A SHORT TERM GOAL (0 – 12 months)	O	THIS WILL BE A LONG TERM GOAL (1 – 10 years)	O
COMPLETED WORKSHEET	O	COMPLETED GOAL	O

WHAT IS MY GOAL

WHY DO I WANT THIS

WHAT DO I NEED TO GET DONE

	O
	O
	O
	O
	O
	O
	O
	O
	O

GOAL #62.	TYPE OF GOAL:		
I WILL EASILY ACCOMPLISH THIS GOAL BY:			
THIS WILL BE A SHORT TERM GOAL (0 – 12 months)	O	THIS WILL BE A LONG TERM GOAL (1 – 10 years)	O
COMPLETED WORKSHEET	O	COMPLETED GOAL	O

WHAT IS MY GOAL

WHY DO I WANT THIS

WHAT DO I NEED TO GET DONE

	O
	O
	O
	O
	O
	O
	O
	O
	O

GOAL #63.	TYPE OF GOAL:		
I WILL EASILY ACCOMPLISH THIS GOAL BY:			
THIS WILL BE A SHORT TERM GOAL (0 – 12 months)	O	THIS WILL BE A LONG TERM GOAL (1 – 10 years)	O
COMPLETED WORKSHEET	O	COMPLETED GOAL	O

WHAT IS MY GOAL

WHY DO I WANT THIS

WHAT DO I NEED TO GET DONE

	O
	O
	O
	O
	O
	O
	O
	O
	O

GOAL #64.	TYPE OF GOAL:		
I WILL EASILY ACCOMPLISH THIS GOAL BY:			
THIS WILL BE A SHORT TERM GOAL (0 – 12 months)	O	THIS WILL BE A LONG TERM GOAL (1 – 10 years)	O
COMPLETED WORKSHEET	O	COMPLETED GOAL	O

WHAT IS MY GOAL

WHY DO I WANT THIS

WHAT DO I NEED TO GET DONE

	O
	O
	O
	O
	O
	O
	O
	O
	O

GOAL #65.	TYPE OF GOAL:		
I WILL EASILY ACCOMPLISH THIS GOAL BY:			
THIS WILL BE A SHORT TERM GOAL (0 – 12 months)	O	THIS WILL BE A LONG TERM GOAL (1 – 10 years)	O
COMPLETED WORKSHEET	O	COMPLETED GOAL	O

WHAT IS MY GOAL

WHY DO I WANT THIS

WHAT DO I NEED TO GET DONE

	O
	O
	O
	O
	O
	O
	O
	O
	O

GOAL #66.	TYPE OF GOAL:		
I WILL EASILY ACCOMPLISH THIS GOAL BY:			
THIS WILL BE A SHORT TERM GOAL (0 – 12 months)	O	THIS WILL BE A LONG TERM GOAL (1 – 10 years)	O
COMPLETED WORKSHEET	O	COMPLETED GOAL	O

WHAT IS MY GOAL

WHY DO I WANT THIS

WHAT DO I NEED TO GET DONE

	O
	O
	O
	O
	O
	O
	O
	O
	O

GOAL #67.	TYPE OF GOAL:		
I WILL EASILY ACCOMPLISH THIS GOAL BY:			
THIS WILL BE A SHORT TERM GOAL (0 – 12 months)	O	THIS WILL BE A LONG TERM GOAL (1 – 10 years)	O
COMPLETED WORKSHEET	O	COMPLETED GOAL	O

WHAT IS MY GOAL

WHY DO I WANT THIS

WHAT DO I NEED TO GET DONE

	O
	O
	O
	O
	O
	O
	O
	O
	O

GOAL #68.	TYPE OF GOAL:		
I WILL EASILY ACCOMPLISH THIS GOAL BY:			
THIS WILL BE A SHORT TERM GOAL (0 – 12 months)	O	THIS WILL BE A LONG TERM GOAL (1 – 10 years)	O
COMPLETED WORKSHEET	O	COMPLETED GOAL	O

WHAT IS MY GOAL

WHY DO I WANT THIS

WHAT DO I NEED TO GET DONE

	O
	O
	O
	O
	O
	O
	O
	O
	O

GOAL #69.	TYPE OF GOAL:		
I WILL EASILY ACCOMPLISH THIS GOAL BY:			
THIS WILL BE A SHORT TERM GOAL (0 – 12 months)	O	THIS WILL BE A LONG TERM GOAL (1 – 10 years)	O
COMPLETED WORKSHEET	O	COMPLETED GOAL	O

WHAT IS MY GOAL

WHY DO I WANT THIS

WHAT DO I NEED TO GET DONE

	O
	O
	O
	O
	O
	O
	O
	O
	O

"PREDICT YOUR OWN FUTURE"

GOAL #70.	TYPE OF GOAL:	Quantum Leap.	
I WILL EASILY ACCOMPLISH THIS GOAL BY:			
THIS WILL BE A SHORT TERM GOAL (0 – 12 months)	O	THIS WILL BE A LONG TERM GOAL (1 – 10 years)	O
COMPLETED WORKSHEET	O	COMPLETED GOAL	O

WHAT IS MY GOAL

WHY DO I WANT THIS

WHAT DO I NEED TO GET DONE

	O
	O
	O
	O
	O
	O
	O
	O
	O

PASTE IMAGE(S)

GOAL #71.	TYPE OF GOAL:		
I WILL EASILY ACCOMPLISH THIS GOAL BY:			
THIS WILL BE A SHORT TERM GOAL (0 – 12 months)	O	THIS WILL BE A LONG TERM GOAL (1 – 10 years)	O
COMPLETED WORKSHEET	O	COMPLETED GOAL	O

WHAT IS MY GOAL

WHY DO I WANT THIS

WHAT DO I NEED TO GET DONE

	O
	O
	O
	O
	O
	O
	O
	O
	O

GOAL #72.	TYPE OF GOAL:		
I WILL EASILY ACCOMPLISH THIS GOAL BY:			
THIS WILL BE A SHORT TERM GOAL (0 – 12 months)	O	THIS WILL BE A LONG TERM GOAL (1 – 10 years)	O
COMPLETED WORKSHEET	O	COMPLETED GOAL	O

WHAT IS MY GOAL

WHY DO I WANT THIS

WHAT DO I NEED TO GET DONE

	O
	O
	O
	O
	O
	O
	O
	O
	O

GOAL #73.	TYPE OF GOAL:		
I WILL EASILY ACCOMPLISH THIS GOAL BY:			
THIS WILL BE A SHORT TERM GOAL (0 – 12 months)	O	THIS WILL BE A LONG TERM GOAL (1 – 10 years)	O
COMPLETED WORKSHEET	O	COMPLETED GOAL	O

WHAT IS MY GOAL

WHY DO I WANT THIS

WHAT DO I NEED TO GET DONE

	O
	O
	O
	O
	O
	O
	O
	O
	O

GOAL #74.	TYPE OF GOAL:		
I WILL EASILY ACCOMPLISH THIS GOAL BY:			
THIS WILL BE A SHORT TERM GOAL (0 – 12 months)	O	THIS WILL BE A LONG TERM GOAL (1 – 10 years)	O
COMPLETED WORKSHEET	O	COMPLETED GOAL	O

WHAT IS MY GOAL

WHY DO I WANT THIS

WHAT DO I NEED TO GET DONE

	O
	O
	O
	O
	O
	O
	O
	O
	O

GOAL #75.	TYPE OF GOAL:		
I WILL EASILY ACCOMPLISH THIS GOAL BY:			
THIS WILL BE A SHORT TERM GOAL (0 – 12 months)	O	THIS WILL BE A LONG TERM GOAL (1 – 10 years)	O
COMPLETED WORKSHEET	O	COMPLETED GOAL	O

WHAT IS MY GOAL

WHY DO I WANT THIS

WHAT DO I NEED TO GET DONE

	O
	O
	O
	O
	O
	O
	O
	O
	O

GOAL #76.	TYPE OF GOAL:		
I WILL EASILY ACCOMPLISH THIS GOAL BY:			
THIS WILL BE A SHORT TERM GOAL (0 – 12 months)	O	THIS WILL BE A LONG TERM GOAL (1 – 10 years)	O
COMPLETED WORKSHEET	O	COMPLETED GOAL	O

WHAT IS MY GOAL

WHY DO I WANT THIS

WHAT DO I NEED TO GET DONE

	O
	O
	O
	O
	O
	O
	O
	O
	O

GOAL #77.	TYPE OF GOAL:		
I WILL EASILY ACCOMPLISH THIS GOAL BY:			
THIS WILL BE A SHORT TERM GOAL (0 – 12 months)	O	THIS WILL BE A LONG TERM GOAL (1 – 10 years)	O
COMPLETED WORKSHEET	O	COMPLETED GOAL	O

WHAT IS MY GOAL

WHY DO I WANT THIS

WHAT DO I NEED TO GET DONE

	O
	O
	O
	O
	O
	O
	O
	O
	O

GOAL #78.	TYPE OF GOAL:		
I WILL EASILY ACCOMPLISH THIS GOAL BY:			
THIS WILL BE A SHORT TERM GOAL (0 – 12 months)	O	THIS WILL BE A LONG TERM GOAL (1 – 10 years)	O
COMPLETED WORKSHEET	O	COMPLETED GOAL	O

WHAT IS MY GOAL

WHY DO I WANT THIS

WHAT DO I NEED TO GET DONE

	O
	O
	O
	O
	O
	O
	O
	O
	O

GOAL #79.	TYPE OF GOAL:		
I WILL EASILY ACCOMPLISH THIS GOAL BY:			
THIS WILL BE A SHORT TERM GOAL (0 – 12 months)	O	THIS WILL BE A LONG TERM GOAL (1 – 10 years)	O
COMPLETED WORKSHEET	O	COMPLETED GOAL	O

WHAT IS MY GOAL

WHY DO I WANT THIS

WHAT DO I NEED TO GET DONE

	O
	O
	O
	O
	O
	O
	O
	O
	O

“IF YOU CAN DREAM IT, YOU CAN DO IT”

GOAL #80.	TYPE OF GOAL:	Quantum Leap.	
I WILL EASILY ACCOMPLISH THIS GOAL BY:			
THIS WILL BE A SHORT TERM GOAL (0 – 12 months)	O	THIS WILL BE A LONG TERM GOAL (1 – 10 years)	O
COMPLETED WORKSHEET	O	COMPLETED GOAL	O

WHAT IS MY GOAL

WHY DO I WANT THIS

WHAT DO I NEED TO GET DONE

	O
	O
	O
	O
	O
	O
	O
	O
	O

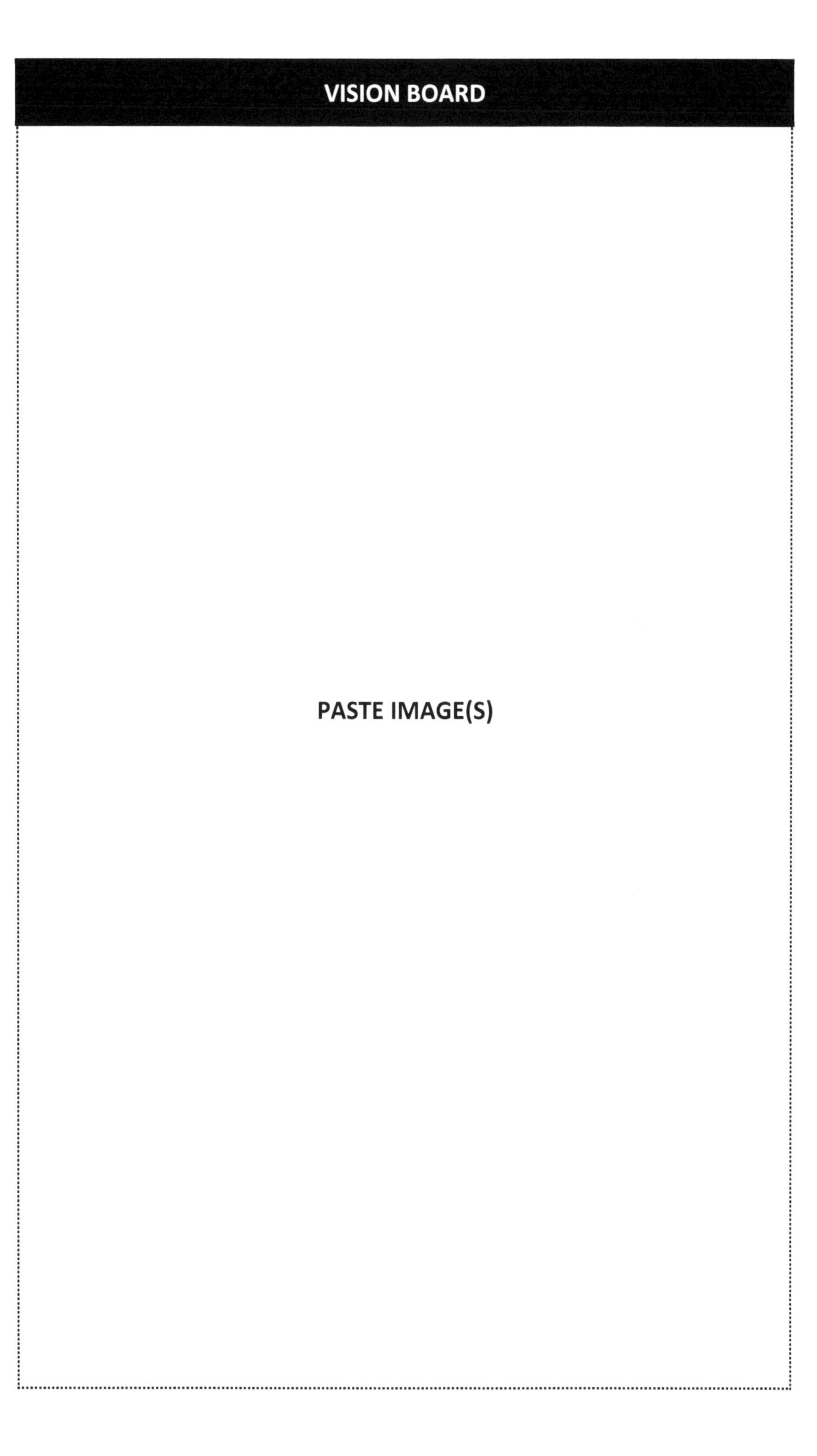
VISION BOARD
PASTE IMAGE(S)

GOAL #81.	TYPE OF GOAL:		
I WILL EASILY ACCOMPLISH THIS GOAL BY:			
THIS WILL BE A SHORT TERM GOAL (0 – 12 months)	O	THIS WILL BE A LONG TERM GOAL (1 – 10 years)	O
COMPLETED WORKSHEET	O	COMPLETED GOAL	O

WHAT IS MY GOAL

WHY DO I WANT THIS

WHAT DO I NEED TO GET DONE

	O
	O
	O
	O
	O
	O
	O
	O
	O

GOAL #82.	TYPE OF GOAL:		
I WILL EASILY ACCOMPLISH THIS GOAL BY:			
THIS WILL BE A SHORT TERM GOAL (0 – 12 months)	O	THIS WILL BE A LONG TERM GOAL (1 – 10 years)	O
COMPLETED WORKSHEET	O	COMPLETED GOAL	O

WHAT IS MY GOAL

WHY DO I WANT THIS

WHAT DO I NEED TO GET DONE

	O
	O
	O
	O
	O
	O
	O
	O
	O

GOAL #83.	TYPE OF GOAL:		
I WILL EASILY ACCOMPLISH THIS GOAL BY:			
THIS WILL BE A SHORT TERM GOAL (0 – 12 months)	O	THIS WILL BE A LONG TERM GOAL (1 – 10 years)	O
COMPLETED WORKSHEET	O	COMPLETED GOAL	O

WHAT IS MY GOAL

WHY DO I WANT THIS

WHAT DO I NEED TO GET DONE

	O
	O
	O
	O
	O
	O
	O
	O
	O

GOAL #84.	TYPE OF GOAL:		
I WILL EASILY ACCOMPLISH THIS GOAL BY:			
THIS WILL BE A SHORT TERM GOAL (0 – 12 months)	O	THIS WILL BE A LONG TERM GOAL (1 – 10 years)	O
COMPLETED WORKSHEET	O	COMPLETED GOAL	O

WHAT IS MY GOAL

WHY DO I WANT THIS

WHAT DO I NEED TO GET DONE

	O
	O
	O
	O
	O
	O
	O
	O
	O

GOAL #85.	TYPE OF GOAL:		
I WILL EASILY ACCOMPLISH THIS GOAL BY:			
THIS WILL BE A SHORT TERM GOAL (0 – 12 months)	O	THIS WILL BE A LONG TERM GOAL (1 – 10 years)	O
COMPLETED WORKSHEET	O	COMPLETED GOAL	O

WHAT IS MY GOAL

WHY DO I WANT THIS

WHAT DO I NEED TO GET DONE

	O
	O
	O
	O
	O
	O
	O
	O
	O

GOAL #86.	TYPE OF GOAL:		
I WILL EASILY ACCOMPLISH THIS GOAL BY:			
THIS WILL BE A SHORT TERM GOAL (0 – 12 months)	O	THIS WILL BE A LONG TERM GOAL (1 – 10 years)	O
COMPLETED WORKSHEET	O	COMPLETED GOAL	O

WHAT IS MY GOAL

WHY DO I WANT THIS

WHAT DO I NEED TO GET DONE

	O
	O
	O
	O
	O
	O
	O
	O
	O

"THE GRIND INCLUDES FRIDAY"

GOAL #87.	TYPE OF GOAL:		
I WILL EASILY ACCOMPLISH THIS GOAL BY:			
THIS WILL BE A SHORT TERM GOAL (0 – 12 months)	O	THIS WILL BE A LONG TERM GOAL (1 – 10 years)	O
COMPLETED WORKSHEET	O	COMPLETED GOAL	O

WHAT IS MY GOAL

WHY DO I WANT THIS

WHAT DO I NEED TO GET DONE

	O
	O
	O
	O
	O
	O
	O
	O
	O

“PATIENCE IS A KEY ELEMENT OF SUCCESS”

GOAL #88.	TYPE OF GOAL:		
I WILL EASILY ACCOMPLISH THIS GOAL BY:			
THIS WILL BE A SHORT TERM GOAL (0 – 12 months)	O	THIS WILL BE A LONG TERM GOAL (1 – 10 years)	O
COMPLETED WORKSHEET	O	COMPLETED GOAL	O

WHAT IS MY GOAL

WHY DO I WANT THIS

WHAT DO I NEED TO GET DONE

	O
	O
	O
	O
	O
	O
	O
	O
	O

GOAL #89.	TYPE OF GOAL:		
I WILL EASILY ACCOMPLISH THIS GOAL BY:			
THIS WILL BE A SHORT TERM GOAL (0 – 12 months)	O	THIS WILL BE A LONG TERM GOAL (1 – 10 years)	O
COMPLETED WORKSHEET	O	COMPLETED GOAL	O

WHAT IS MY GOAL

WHY DO I WANT THIS

WHAT DO I NEED TO GET DONE

	O
	O
	O
	O
	O
	O
	O
	O
	O

"IF YOU CHANGE THE WAY YOU LOOK AT THINGS, THE THINGS YOU LOOK AT WILL CHANGE"

GOAL #90.	TYPE OF GOAL:	Quantum Leap.	
I WILL EASILY ACCOMPLISH THIS GOAL BY:			
THIS WILL BE A SHORT TERM GOAL (0 – 12 months)	O	THIS WILL BE A LONG TERM GOAL (1 – 10 years)	O
COMPLETED WORKSHEET	O	COMPLETED GOAL	O

WHAT IS MY GOAL

WHY DO I WANT THIS

WHAT DO I NEED TO GET DONE

	O
	O
	O
	O
	O
	O
	O
	O
	O

VISION BOARD

PASTE IMAGE(S)

GOAL #91.	TYPE OF GOAL:		
I WILL EASILY ACCOMPLISH THIS GOAL BY:			
THIS WILL BE A SHORT TERM GOAL (0 – 12 months)	O	THIS WILL BE A LONG TERM GOAL (1 – 10 years)	O
COMPLETED WORKSHEET	O	COMPLETED GOAL	O

WHAT IS MY GOAL

WHY DO I WANT THIS

WHAT DO I NEED TO GET DONE

	O
	O
	O
	O
	O
	O
	O
	O
	O

GOAL #92.	TYPE OF GOAL:		
I WILL EASILY ACCOMPLISH THIS GOAL BY:			
THIS WILL BE A SHORT TERM GOAL (0 – 12 months)	O	THIS WILL BE A LONG TERM GOAL (1 – 10 years)	O
COMPLETED WORKSHEET	O	COMPLETED GOAL	O

WHAT IS MY GOAL

WHY DO I WANT THIS

WHAT DO I NEED TO GET DONE

	O
	O
	O
	O
	O
	O
	O
	O
	O

GOAL #93.	TYPE OF GOAL:		
I WILL EASILY ACCOMPLISH THIS GOAL BY:			
THIS WILL BE A SHORT TERM GOAL (0 – 12 months)	O	THIS WILL BE A LONG TERM GOAL (1 – 10 years)	O
COMPLETED WORKSHEET	O	COMPLETED GOAL	O

WHAT IS MY GOAL

WHY DO I WANT THIS

WHAT DO I NEED TO GET DONE

	O
	O
	O
	O
	O
	O
	O
	O
	O

GOAL #94.	TYPE OF GOAL:		
I WILL EASILY ACCOMPLISH THIS GOAL BY:			
THIS WILL BE A SHORT TERM GOAL (0 – 12 months)	O	THIS WILL BE A LONG TERM GOAL (1 – 10 years)	O
COMPLETED WORKSHEET	O	COMPLETED GOAL	O

WHAT IS MY GOAL

WHY DO I WANT THIS

WHAT DO I NEED TO GET DONE

	O
	O
	O
	O
	O
	O
	O
	O
	O

GOAL #95.	TYPE OF GOAL:		
I WILL EASILY ACCOMPLISH THIS GOAL BY:			
THIS WILL BE A SHORT TERM GOAL (0 – 12 months)	O	THIS WILL BE A LONG TERM GOAL (1 – 10 years)	O
COMPLETED WORKSHEET	O	COMPLETED GOAL	O

WHAT IS MY GOAL

WHY DO I WANT THIS

WHAT DO I NEED TO GET DONE

	O
	O
	O
	O
	O
	O
	O
	O
	O

GOAL #96.	TYPE OF GOAL:		
I WILL EASILY ACCOMPLISH THIS GOAL BY:			
THIS WILL BE A SHORT TERM GOAL (0 – 12 months)	O	THIS WILL BE A LONG TERM GOAL (1 – 10 years)	O
COMPLETED WORKSHEET	O	COMPLETED GOAL	O

WHAT IS MY GOAL

WHY DO I WANT THIS

WHAT DO I NEED TO GET DONE

	O
	O
	O
	O
	O
	O
	O
	O
	O

GOAL #97.	TYPE OF GOAL:		
I WILL EASILY ACCOMPLISH THIS GOAL BY:			
THIS WILL BE A SHORT TERM GOAL (0 – 12 months)	O	THIS WILL BE A LONG TERM GOAL (1 – 10 years)	O
COMPLETED WORKSHEET	O	COMPLETED GOAL	O

WHAT IS MY GOAL

WHY DO I WANT THIS

WHAT DO I NEED TO GET DONE

	O
	O
	O
	O
	O
	O
	O
	O
	O

GOAL #98.	TYPE OF GOAL:		
I WILL EASILY ACCOMPLISH THIS GOAL BY:			
THIS WILL BE A SHORT TERM GOAL (0 – 12 months)	O	THIS WILL BE A LONG TERM GOAL (1 – 10 years)	O
COMPLETED WORKSHEET	O	COMPLETED GOAL	O

WHAT IS MY GOAL

WHY DO I WANT THIS

WHAT DO I NEED TO GET DONE

	O
	O
	O
	O
	O
	O
	O
	O
	O

GOAL #99.	TYPE OF GOAL:		
I WILL EASILY ACCOMPLISH THIS GOAL BY:			
THIS WILL BE A SHORT TERM GOAL (0 – 12 months)	O	THIS WILL BE A LONG TERM GOAL (1 – 10 years)	O
COMPLETED WORKSHEET	O	COMPLETED GOAL	O

WHAT IS MY GOAL

WHY DO I WANT THIS

WHAT DO I NEED TO GET DONE

	O
	O
	O
	O
	O
	O
	O
	O
	O

“YOU ONLY HAVE ONE LIFE TO LIVE. WHAT WILL YOU ACCOMPLISH?”

GOAL #100.	TYPE OF GOAL:	Quantum Leap.	
I WILL EASILY ACCOMPLISH THIS GOAL BY:			
THIS WILL BE A SHORT TERM GOAL (0 – 12 months)	O	THIS WILL BE A LONG TERM GOAL (1 – 10 years)	O
COMPLETED WORKSHEET	O	COMPLETED GOAL	O

WHAT IS MY GOAL

WHY DO I WANT THIS

WHAT DO I NEED TO GET DONE

	O
	O
	O
	O
	O
	O
	O
	O
	O

VISION BOARD

PASTE IMAGE(S)

GOAL #101.	TYPE OF GOAL:		
I WILL EASILY ACCOMPLISH THIS GOAL BY:			
THIS WILL BE A SHORT TERM GOAL (0 – 12 months)	O	THIS WILL BE A LONG TERM GOAL (1 – 10 years)	O
COMPLETED WORKSHEET	O	COMPLETED GOAL	O

WHAT IS MY GOAL

Create new 101 list.

WHY DO I WANT THIS

WHAT DO I NEED TO GET DONE

	O
	O
	O
	O
	O
	O
	O
	O
	O

Made in the USA
San Bernardino, CA
18 December 2016